El autor tiene otros libros en español publicados en Amazon.com y en Createspace.com.

- ✓ Nexo. La Realidad de la realidad (Metafísica).
- ✓ Ríase de su Pasado (Autoayuda)
- ✓ Sea Otro (Autoayuda)
- ✓ Matriluxa (Metanovela)
- ✓ Poesías Sentidas
- ✓ Reflexiones de los Locos(Autoayuda)
- ✓ La Disciplina Inteligente (Manual))
- ✓ Un Pelo en la Sopa

También a su correo electrónico:
jarodrochepr@gmail.com

Teléfono: 787-635-2818

Un Pelo en la Sopa.

Para realizar pedidos de este libro contacte con:

José A. Rodríguez Roche
P.M.B. 111
P.O. Box 6004
Villalba, P.R. 00766

jarodrochepr@gmail.com
Facebook: José A. Rodríguez Roche
Twitter: Dr. José A. Rodríguez
Online: Createspace.com y Amazon.com
ISBN-13:978-1723009488
ISBN-10:1723009482

Título: Un pelo en la sopa.

Contenido.

Dedicatoria.

A mi esposa Isabel,

desde otro mundo cercano,

con todo el amor humano

de un corazón de papel.

Con la fe siempre en Él,

frente al eterno camino,

surcaremos el destino

de la eterna existencia,

con una sola conciencia

guiada por lo divino.

Prefacio.

La alegoría es un recurso filosófico, artístico y literario que consiste en la representación de una idea logrando un significado simbólico. La palabra alegoría es de origen latín, allegoría, que significa hablar de manera figurada.

La alegoría es un tremendo recurso retórico que representa una metáfora ampliada, y en algunos casos semejante a la personificación. La alegoría consiste en disfrazar la palabra y poner en práctica el sentido figurado de la misma, representa una idea o concepto a través de imágenes alusivas o metafóricas, dando a entender algo diferente a lo que se está expresando.

Si podemos ver la vida misma como si fuera una sopa con todos sus elementos, resultaría una aventura del espíritu el transitar por todo el laberinto, perdernos y regresar hasta encontrar la salida de la comprensión de nosotros mismos.

En el camino encontraremos situaciones agradables y desagradables que muy bien pueden intercambiar sus roles de acuerdo a nuestra ventana de percepción y tolerancia.

Un Pelo en la Sopa es un libro para disfrutar y reflexionar sobre nuestra vida relacionada con los eventos que nos encontramos aleatoriamente todos los días.

Pablo León Hernández

Un Pelo en la sopa.

Introducción

La felicidad, sentimiento de bienestar, estado anímico, tranquilidad o gozo de la vida son estado subjetivos. Esto significa, que no existen formulas específicas ni procedimientos objetivos para lograrlos. No existe la felicidad absoluta, los sentimientos de bienestar permanentes, los estados anímicos eutímico o placenteros siempre, ni formulas mágicas para tener una vida plena de felicidad y satisfacciones todo el tiempo. Nadie ni nada puede darme mi felicidad.

En la vida humana, carnal y mundana, la búsqueda de la felicidad figura como un ideal parcialmente alcanzable con un mayor o menor éxito. Podemos observar personas con éxito en los negocios y problemas matrimoniales, religiosos con fortalezas espirituales enormes, pero enfermos y carentes de alimentación o un techo adecuado. Mujeres preciosas, profesionales exitosos en depresión o con trastornos de ansiedad. Deambulantes con sus ropas gastadas y sucias que le sonríen a la vida como si fueran los dueños del mundo... ¿Dónde me ubico yo? ¿Dónde se encuentra mi felicidad? ¿Cuándo es que me siento bien? ¿Qué cosa aporta a una existencia confortable? ¿Dónde está el sentido de mi vida?

Un Pelo en la sopa, te llevará de la mano desde el sótano, por cada piso del edificio de la vida hasta la azotea. Ese caminar por las escaleras te fortalecerá para que al final de la jornada puedas mirar al cielo, que no se puede mirar desde el sótano.

●● *La sopa.* ●●

Espesa, aguada, sustanciosa, desabrida, salada, corriente, popular, exótica, compleja, sencilla, con muchos ingredientes, rara, fea, bonita, colorida, pálida, plato medio lleno o medio vacío.

Existen muchas sopas. ¿Cómo es la que te gusta? ¿Cuál es tu sopa? ¿Qué sopa quieres?

Estudiosos, científicos y expertos opinan sobre las sopas. Cada país o cultura tienen su propia sopa. Existen diversas teorías sobre los beneficios y las mejores sopas. Algunos opinan que las sopas tienen unas propiedades químicas con las que se logra la paz, la felicidad y la plenitud existencial. Otros defienden su sopa como un regalo de Dios que te llenará de dones y el camino a la eternidad. Otros defienden la teoría sobre la verdadera sopa, que es una inconcebible por el ser humano y solo entendida inconscientemente. Otros entienden que las sopas no existen, que solo son un invento del hombre. Otros dicen que las sopas dependen del ambiente en el que se cocinen. Otros dicen que las sopas dependen solo de los ingredientes que se le agregan. Otros dices que una buena sopa es una buena sopa independientemente del gusto. Otros dicen que la mejor sopa es mi sopa sin importar nada más. Otros dicen que las sopas dependen del gusto del que las consume. Otros dicen que las sopas varían por el tiempo y espacio en el que se preparen, cocinen y consuman. Otros opinan que la sopa cuántica es el universo, todo como una sopa. ¿Cómo es tu sopa? ¿La preparaste tu solo? ¿Te la prepararon? ¿La compraste? ¿Copiaste la receta del internet? ¿Te la hizo un ser extraterrestre o divino? ¿El destino hizo tu sopa?

No sabías que había tantas sopas. Solo te menciono algunas.

Yo... no había pensado en mi sopa. Solo me la comía. Hasta hoy, que encontré un pelo en mi sopa. Todo lo veía como una sopa más en el pasado, en el diario presente y pensando que será la misma sopa mañana. ¿Tiene que ser así? ¿Puedo cambiar la sopa que me comí ayer? ¿Puedo saborear la misma sopa de ayer, hoy con otro gusto? ¿Puedo cambiar la sopa mañana? ¿Depende del ambiente en el que me como la sopa si me la disfruto o no? ¿Qué tiene que ver el que me sirve la sopa con su sabor, si me gusta o no? ¿Si le cambio el nombre a la sopa, cambia la sopa? ¿La temperatura cambia la sopa? ¿Si se bendice la sopa, la cambia? ¿El plato en el que se sirve, cambia la sopa? ¿El color de la luz cambia la sopa? ¿Confías en el que hace la sopa?

Cuantas variables de formas quizás indefinidas de sopas. Cuantas variables en los que consumen las sopas. ¿Existen dos sopas iguales? La teoría de la relatividad de Albert Einstein en las que expone que el tiempo afecta constantemente el espacio y la materia, dice que no puede haber dos sopas iguales. En la teoría cuántica de la materia, indica que esencialmente no hay diferencia entre la sopa y un diamante. Solo existen los lasos cuánticos de energía que son lo que componen la sopa y toda materia. Hay quien piensa que... ¡la sopa es la sopa y ya!

Hay quienes defienden la idea de que la sopa es para quitar el hambre. Otros dicen que la sopa es para abrir el apetito. Otros piensan que la sopa no es alimento, pero otros que la sopa es el mejor alimento. Unos dicen que un buen plato de sopa los calma, mientras otros odian la sopa.

Me pregunto: ¿La sopa existe independientemente de mí? ¿Tiene la sopa el poder de cambiar mis emociones, alegre, triste, con coraje, con paz, nervioso, feliz o infeliz? Escuché en una ocasión a una amiga diciendo y cito: "Cuando como sopa me siento feliz". ¿Es la sopa lo que le produce la felicidad? Deberán existir entonces las sopas de la felicidad, del odio, del coraje, de la tristeza, de la ansiedad y otras. Si conoces las recetas, por favor envíamelas a mi correo electrónico.

Estudiando y analizando otras culturas, costumbres, ideas religiosas y modos de vidas nos comparamos notando diferencias esenciales para lograr nuestra calidad de vida. Cada cual defiende su sopa como la mejor en comparación con las demás. Sin embargo, nos encontramos tan lejos de algunos que confeccionan su sopa con grillos, hormigas y legumbres exóticas y terminamos prefiriendo nuestra sopa de pollo, de gandules o de jamón con fideos.

La amplitud de nuestro potencial mental, que afecta directa o indirectamente, consciente o inconscientemente nuestro proceder, toma de decisiones, emociones y bienestar en general, es muy importante. Lo contrario, es una estrechez o rigidez en considerar cambios en nuestra forma de percibir el mundo, nuestras ideas, pensamientos, creencias y planes de vida. ¿Ya no te gusta tu sopa? Tienes muchas alternativas.

Estas son algunas:

- ✓ Agregarle un ingrediente nuevo.
- ✓ Quitarle algo que ya no te gusta.

- ✓ Sazonarla con alguna especia nueva.
- ✓ Mejorar la calidad de los componentes.
- ✓ Agregarle más o quitarle más componentes.
- ✓ Agregarle un poco de vino, cerveza, jugo o caldo preferido.
- ✓ Agregarle otra sopa.
- ✓ Votar la sopa para el carajo y hacer una sopa nueva.
- ✓ Calentarla más.
- ✓ Enfriarla más.
- ✓ Servirte la sopa en bandeja de plata.
- ✓ Servirte la sopa en un caldero de barro.
- ✓ Pedir que te haga tu sopa alguien que te agrada.
- ✓ Comente tu sopa en un lugar que has escogido anteriormente.
- ✓ Hacer una sesión de consagración y bendición de la sopa.

✓ Disfrutarte la sopa sin ropa o vestido de gala.

Bueno... no voy a hacer un libro nada más que de las alternativas que tienes con la sopa. Parecen ser infinitas las alternativas.

¿Si la sopa fuera mi vida?

❖ *Los pelos.* ❖

De manera literal, un pelo en la sopa es algo que no quiero, que debe afectarme el disfrute de la sopa, es algo terrible, nauseabundo, una porquería asquerosa que no puedo aceptar. Puede ser una falta de respeto a mi persona o un acto de violencia si es con intención. He observado todo tipo de reacción cuando alguien encuentra un pelo en la sopa. Desde indignación, nauseas, enojo, risas y motivos de un tema para el diálogo.

La diversidad de reacciones, estados emocionales y respuestas humanas son diversas y ninguna es el resultado de *un pelo en la sopa.*

Cuáles son los pensamientos asociados que pueden afectarnos cuando observamos un pelo en la sopa. Exponemos como ejemplos los siguientes:

✓ **Leer la mente de otras personas.**

Estamos acostumbrados a castigarnos por lo que piensan otras personas de nosotros o nuestros actos, cuando en realidad es imposible que controlemos o sepamos lo que piensan. Pensamientos tan comunes como "creen que soy aburrido" o "piensan que soy un torpe" nos afectan de forma negativa.

✓ **Adivinar el futuro.**

El complejo de adivino está detrás de numerosos pensamientos. Pensamos que el futuro va a desarrollarse de tal o cual manera, cuando en realidad no tenemos ni idea. "No tiene sentido intentarlo", nos decimos. "No va a funcionar".

Un pensamiento negativo muy frecuente y que lleva al inmovilismo.

✓ **Generalizar.**

Otro de los pensamientos negativos que todos hemos experimentado en una ocasión. Sin pararnos a pensar, pensamos que, si algo ha pasado una vez, volverá a repetirse. "Siempre pierdo las llaves del auto, así que las volveré a perder", decimos. Puede ser, pero también puede que nos duren toda la vida. Viven con los conceptos absolutos, los siempre, los nunca, los no puedo, los tengo que... Pero pueden cambiarlos a veces, puede ser, lo voy a intentar, no tengo que...yo soy el que decido.

✓ **Minimizar las cosas positivas.**

Ni cuando nos ocurre algo bueno estamos contentos. "Sí, me ha salido bien el un proyecto, decimos, pero cualquiera puede hacerlo mejor". Bueno... es cierto, siempre hay alguien mejor que nosotros, pero no hay razón para minusvalorar las cosas que hacemos bien. Exagera lo bueno y minimiza lo malo.

✓ **Dramatizar.**

Hacerse la víctima, auto compadecerse y crear melodramas innecesarios, es también algo muy propio de los pensamientos automáticos. "No encuentro mis llaves. Me estoy poniendo viejo". "Bendito yo…" ¡Esto me pasa a mí nada más! ¿Cuántas veces hemos oído una frase como esta a nuestras madres o abuelos? No existe una relación causal en esa afirmación, pero aun así nos lo creemos.

✓ **Tener expectativas poco realistas.**

Todos tenemos un límite, y aunque pensar que no lo tenemos puede ser positivo para alcanzar determinadas metas, también puede ser contraproducente. Cuántos deportistas o conductores han pensado "tengo que seguir, aunque esté agotado" y terminan con un ataque cardiaco o lesionándose.

Aprende a quererte. No siempre se puede ganar. Escuche en forma de chiste un da a alguien que dijo: "La vida no se puede coger muy en serio, si al final, uno no sale vivo de ella".

✓ **Insultar, a nosotros mismos y al resto.**

Dado que los pensamientos surgen muchas veces, demasiadas, aparecen en nuestra mente en forma de insultos: "soy un inútil", "mi compañero es imbécil", "mi jefe es bruto"... Todos caemos en este juego. También, el problema es que, en muchas ocasiones, nos creemos lo que pensamos y acabamos tratándonos a nosotros mismos o a los que nos rodean de forma acorde al insulto que les estamos dedicando. Paciencia. ¡Alábate como un hijo del Dios Todo poderoso!

✓ **Auto culparse.**

Aunque la mayoría de nosotros tendemos a culpar al resto de nuestros errores, hay personas que se culpan de todo, incluyendo cosas sobre las que no han tenido ninguna responsabilidad o no han estado bajo su control. "Parece que tiene coraje, seguro que es por mi culpa" es una frase que ha afectado a muchas relaciones.

✓ **Ser catastrofista.**

Una de los pensamientos más extremos, y más propios de las personas que acaban padeciendo depresión, se caracteriza por pensar que todo lo que nos rodea va acabar mal. Lo triste es que, si entramos en ese círculo vicioso, pensaremos realmente que todo nos va mal, y al final, terminaremos mal.

ᚕ *Calidad de vida.* ᚕ

Simplemente, yo decido lo que es mi calidad de vida. Nadie puede darme su calidad de vida. El ser humano tiene tantos gustos por la sopa como seres humanos existimos. Nos quejamos, lamentamos, perturbamos hábitos de sueño inadecuados (insomnio), malos hábitos alimentarios, nos deprimimos, creamos trastornos de ansiedad, condiciones de salud mental y nos enfermamos nosotros mismos. ....Nosotros solitos.....................

El concepto de 'calidad de vida', es uno completamente subjetivo. Es decir, relativo al sujeto. No existe una calidad de vida independientemente de la evaluación humana. Lo que es una calidad de vida para uno quizás no lo sea para otro.

Me encuentro diariamente con personas que encuentran *un pelo en la sopa* siempre. Si la sopa no está salada, está desabrida, si no está muy caliente, está fría, si no está picante no sabe a nada, si tiene grasa l@ enferma con colesterol o le sube la presión arterial y miles de otras formas para obstaculizar o evitar el pleno disfrute. Hasta el ambiente donde se come la sopa. Si no hace calor, hace frio, si no hay mucho ruido, hay un silencio sepulcral, la silla donde se sienta a comerse la sopa es muy dura o muy blanda. No hay forma en que se disfrute a plenitud su sopa. ¡Pobre del que l@ invite a disfrutarse una sopa! ¡No le pregunte luego! ¿Te gustó la sopa? Observe su rostro. Te va a decir que sí, por compromiso. Sabes... si uno pudiera hacer que otro ser humano se disfrute la sopa, significaría que puedo tener cierto control con lo que otro piensa.

Me encuentro frecuentemente con personas que al levantarse en la mañana miran el cielo y si está nublado o llueve se dicen: "Oh Dios, el día de hoy va a ser terrible, o como decimos los puertorriqueños, se jodió el día". Pero, si está soleado, sin una nube en el azul cielo tropical se dicen: "Oh Dios, el día de hoy va a ser terrible, que calor va a hacer, o como decimos los puertorriqueños, se jodió el día. Para estas personas, no hay un día bonito. No hay sopa buena. El sufrimiento es la orden del día. Se quejan de todo o frecuentemente. Van a la iglesia o al culto y se castigan porque son unos pecadores irremediablemente y no se merecen la gracia (desgraciados) ni piensan que no van a ser felices (infelices). ¡Por más que usted intente hacerle una buena sopa, no lo va a lograr!

Pero... también encuentro personas que viven calidad de vida, independientemente de su salud, pobreza, dinero, ambiente, política compañía o nacionalidad. Dan gracias al Señor, Dios, Jesucristo, Jehová, Krishna, Buda, Alá y otros por lo bueno y también por lo malo. Si el día está nublado o llueve, se deleitan con la neblina y disfrutan de la lluvia. Si el día está soleado dan gracias al Creador del universo por el azul del cielo y el calor tropical. Si nieva, como en algunos países, pues hacen bolitas de nieve o compran un trineo para disfrutarse la nieve. Estas últimas, se disfrutan la sopa sin darle **demasiada importancia a la sopa y sí al disfrute de la sopa.**

Podemos y tenemos la capacidad de disfrutarnos un plato con agua caliente con mayor intensidad, que una sopa de langosta y caviar.

El disfrute y gozo de la sopa, no está en la calidad de la sopa. ¿Dónde entonces está el disfrute? ¿Dónde está la calidad de vida? No simplemente es difícil, si no imposible que otra persona logre que me guste su sopa, si no quiero.

El negativismo impide la calidad de vida. Toda luz tiene sombra, pero la sombra no existe ya que es solo la ausencia de luz. Todo sinónimo tiene su antónimo. No existe algo completamente bueno. Si buscas *un pelo en la sopa,* hechas a perder la sopa.

Es fácil disfrutar lo que consideramos bueno para mí. Debemos aprender a lidiar, tolerar y a disfrutarnos la sopa a pesar de *un pelo en la sopa.*

Un hipopótamo, una araña, una tormenta, una enfermedad y todo lo existente tienen su belleza y su lado bueno. Si nos referimos a una tormenta tropical, como María con categoría 5, pensamos solo en desastres. Sin embargo, se ha comprobado que los huracanes son el producto del calentamiento global por la contaminación que hemos generado los humanos. Una vez se han calentado las aguas del mar se precipitan corrientes de aire caliente que suben a la atmosfera dando origen a los huracanes. Las tormentas y huracanes son corrientes de aire que enfrían el planeta y las aguas del mar. Durante el paso del huracán María se obtuvo una baja de temperatura en el mar de hasta cuatro grados. De esta forma, la vida de muchas especies marinas, como los corales y muchos más pueden sobrevivir.

Si aprendemos a vivir con la belleza y lo bueno en la vida, *un pelo en la sopa* no afectará negativamente el disfrute de la sopa.

Existen estudios sobre los países que se considera una mejor calidad de vida.

Algunos de los estudios más completos son el que realiza de manera anual la compañía Y&R, BAV Consulting, en colaboración con la Wharton School de la University of Pennsylvania. También la Organización para la Cooperación y el Desarrollo Económico (OCDE) establece criterios altamente fiables para establecer cuáles son los mejores países del mundo para vivir. Con las conclusiones a las que llegan ambos estudios se puede establecer un ranking claro.

- Los 10 países con mayor calidad de vida:
  - 1. Noruega
  - 2. Canadá
  - 3. Suecia
  - 4. Australia
  - 5. Suiza

- ○ 6. Holanda
- ○ 7. Dinamarca
- ○ 8. Nueva Zelanda
- ○ 9- Islandia
- ○ 10- Luxemburgo

Si observan, no están incluidos Estados Unidos ni los países caribeños.

Aprendemos en el sistema capitalista de vida, que la calidad de vida está determinada por la cantidad de bienes materiales y no por la calidad de los bienes. Nos enseñan que el tener muchos conocimientos es mejor que tener los conocimientos que quiero para lograr mis metas. Nos venden una educación que atiborra nuestros cerebros limitados, con datos que no utilizamos. Nos comparan constantemente con otros países, otras culturas y otros modos de vida para señalarnos lo bien o lo mal que estamos, en comparación. Aprendemos a ver *un pelo en la sopa* donde no está.

Aun, en la religión cristiana nos enseñan *un pelo en la sopa* donde nunca ha estado.

Expliquemos el clásico ejemplo de Judas Iscariote, uno de los apóstoles de Jesucristo. Judas Iscariote, fue un apóstol de Jesús de Nazaret. Judas siguió a su maestro durante su predicación por Palestina y según los Evangelios, fue el traidor que reveló a los miembros del Sanedrín el lugar donde podían prender a su Maestro, tal como el propio Jesús había anunciado en la Santa Cena. Él mismo fue quien dirigió a los guardias que arrestaron a Jesús y les indicó quién era besándole. Recibió un pago de 30 denarios, que luego de su arrepentimiento los devolvió y al no ser aceptado se suicidó ahorcándose de un árbol. Judas ha pasado a la tradición cristiana posterior convertida en la del traidor por antonomasia. Ser un traidor, sobre todo de la figura máxima del cristianismo, es lo peor. Sin embargo, Jesús había predicho en la última cena, que iba a ser vendido y sabia por quién, cómo y cuándo. Judas Iscariote, fue un eslabón esencial para el cristianismo, ya que si Jesús no hubiese sido apresado y muerto en la cruz, no existiera el cristianismo. Ser dirigido a la tarea de identificar y delatar a Jesús como su maestro estaba predicho. Jesús lo permitió como parte de los planes divinos. Los cristianos, debemos entonces, agradecerle a Judas Iscariote la contribución con la que pagó con su vida.

La calidad de vida de todo ser humano, no está en ver *un pelo en la sopa*, a veces, aunque creamos ver *un pelo en la sopa,* debemos reflexionar sobre ello.

Profetas del desastre.

Las predicciones de científicos, astrólogos, religiosos, videntes y los que pretenden ver el futuro de la humanidad, están dirigidos a anunciar lo terrible, malo o desastroso que nos espera. Los científicos explican las mil maneras en que la humanidad se va a autodestruir o exterminar, los astrólogos explican como un mcteoro, la colisión de los planetas, la radiación de una explosión solar y otros nos extinguirá. Los religiosos, inspirados en la palabra divina nos explican en la biblia que la humanidad terminará consumidos por el fuego y los videntes, como el famoso Nostradamus, entre otros, han explicado sus visiones de catástrofes de todo tipo. Quizás, encontramos a alguno que predice la superación de los problemas que afronta la humanidad y el pleno disfrute de una larga y feliz existencia.

El 99.9% de los mencionados encuentran *un pelo en la sopa.*

Los profetas del desastre, esperan lo peor de la humanidad, de los demás, de las personas queridas, de los que hacen el bien, de los que nos cuidan, de los que amamos y de nosotros mismos. ¿Es usted uno de esos? ¿Siempre o a veces?

Las frases que los identifican son como las siguientes:

- ✓ No tenemos remedio.
- ✓ Me va a salir mal.
- ✓ No voy a poder.
- ✓ Me voy a equivocar. Yo siempre me equivoco.
- ✓ Se van a reír de mí. Voy a hacer el ridículo y eso es terrible.
- ✓ Me va a dejar de amar.

- ✓ Es muy bonito para ser cierto por mucho tiempo.
- ✓ Todo falla a la larga.
- ✓ Nada es duradero para siempre.
- ✓ No vale la pena esforzarse, si al fin todo acaba.
- ✓ Un día de éstos...
- ✓ Nos va a destruir otro huracán, es inminente un terremoto, los tsunamis van a ocurrir en algún momento, los volcanes... etc.
- ✓ Sabrá Dios si tengo una enfermedad grave.
- ✓ La humanidad no tiene un futuro feliz.

¡Te lo dije... que iba a encontrar *un pelo en la sopa*! Ese, "te lo dije" está siempre presente con los profetas del desastre. Cuando ocurre algo que no esperamos, situaciones fuera de nuestro control o simplemente cometemos algún error, está el designio de alguien que "lo sabía pero no te lo dijo, porque..." En ocasiones, nos sentimos como estúpidos, brutos, poca cosa, ignorantes o desdichados, solo porque le prestamos atención a LOS PROFETAS DEL DESASTRE.

Simplemente, si hay *un pelo en la sopa* ¡¿Qué?!

- ✓ Si no tenemos remedio, porqué me preocupo.
- ✓ Me va a resultar bien. Voy a mí.
- ✓ Si otros pueden, yo también puedo.
- ✓ Si me equivoco no me voy a morir, no me va a tragar la tierra, ni se acaba el mundo. No soy perfecto ni nadie es perfecto.
- ✓ Equivocarme, como un ser humano que no lo sabe todo, no tengo porque sentirme ridículo. Las personas pueden reírse de ti con o sin razón, con o sin motivo o aunque todo te salga bien.
- ✓ No puedo hacer que otra persona me ame. No tengo control sobre las

emociones de los demás. Uno decide a quien ama, sobre las cualidades de los demás.

✓ Me lo disfruto mientras dure. Mejor si dura para siempre.

✓ No sé cuánto va a durar, porque no puedo predecir el futuro.

✓ Me esfuerzo por la satisfacción del éxito. Porque creo en mí.

✓ Un día de estos... voy a estar mejor, la vida me va a sonreír más y voy a ser más feliz.

✓ No tengo control de los fenómenos naturales, pero todo obra para bien de nuestro amado planeta donde existo.

✓ Dios es el dueño de mi vida y confío la salud, la enfermedad, la vida y mi muerte terrenal en Él.

✓ El futuro de la humanidad es la eternidad.

En el futuro... puede haber *un pelo en mi sopa*. Quizás... es posible. Me ocuparé entonces. No obtengo nada positivo con pre-ocuparme ahora por cosas que desconozca o que no estén bajo mi control.

Los profetas del desastre encuentran *un pelo en la sopa*, antes de hacer la sopa. Pensar y profetizar el desastre limita el riesgo por temor al fracaso, a lo malo. Pero también limita la probabilidad del éxito. Quien no se arriesga no logra. El ser emprendedor, tener confianza en que puedo, creer en mí, es lo que maximiza el lograr las ansiadas metas. Caminar comienza con el primer paso. Ese primer paso es el ms difícil y es esencial creer en nosotros mismos para darlo. En un corto, mediano o largo tiempo estaremos corriendo.

"*Ocuparme de los posibles desastres y cosas negativas del posible futuro, solo produce sentimientos de ansiedad, depresión e infelicidad*".

Porque no quiero sufrir. (Décima)

I

Te vi en el parque un día
radiante como una rosa,
elegante y preciosa
llenándome de alegría.
Feliz sentí el alma mía,
pero no quise seguir
disfrutando y admitir
que eres lo que más anhelo.
Me niego a estar en tu cielo
porque no quiero sufrir.

II

Si te amara y te perdiera
no podría vivir sin ti.
Fingir que yo no te vi,
es mejor de esa manera.
Verme como a un cualquiera
para así sobrevivir,
ya que no me quiero herir
me conviene en el futuro,
vivir en un cuarto obscuro,
porque no quiero sufrir.

III

El amar y el dolor
andan cogidos de manos,
son de una madre hermanos
hijos del mismo creador.
Viven en mi interior
para poder existir
y engañan mi sentir
con belleza y placer.
No me voy a complacer,
porque no quiero sufrir.

IV

Algo malo debe haber
porque está sola en el parque.
Quizás busque quien la cargue
y la pueda mantener.
Cuanto deseo tener
un momento y compartir
su amor y consentir
sus caricias de mujer.
Me conviene no ceder
porque no quiero sufrir.

José Antonio Rodríguez Roche

Todo lo que se pierde el profeta del desastre. Especialista en pre-ver lo malo, anticipar el desastre, pre-ocuparse por un futuro negativo que puede ser, sin embargo, prometedor. No es un error evaluar lo conveniente o inconveniente, lo adecuado o no y las posibles implicaciones de un acto futuro. Pero en el momento en que no se lleve a cabo un acto por temor al fracaso, me limito a tener éxito también.

Los buenos ejemplos de la humanidad han sido personas emprendedoras, arriesgadas, que han creído firmemente en sus ideas. El conformismo, la pobre autoestima, el temor al qué dirán, la búsqueda de la ilusoria seguridad (que no existe) y el temor a ser diferente (nadie es igual a otro) nos paraliza, nos siembra en el pasado con un muro al frente que impide avanzar al futuro.

Repite conmigo: *"NO SOY UN PROFETA DEL DESASTRE. SOY MI ESPERANZA Y LA ESPERANZA DE LA HUMANIDAD".*

Oración de la esperanza

Creador del universo, Todo poderoso, confío en Ti mi vida, pasado y futuro. Sé que me llenas de sabiduría y fortaleces la fe y esperanza. Padre, Creador del universo, deseo con toda la fuerza de mi espíritu, que el temor que hoy creo se pierda en pensamientos positivos que emanan de Ti para que solo queden en mis pensamientos la gracia de una existencia bajo tu cuidado. Solo te pido, mi Señor, Todo poderoso, que únicamente albergue pensamientos de amor, felicidad, alegría, y prosperidad.

Si en algún momento, tengo pensamientos, negativos, desastrosos, exagerados y destructivos que me agobian, me deprimen y atemorizan, apodérate y guíame en Tu sabiduría infinita, para solo ver la obra misericordiosa de Tu creación.

Socórreme de todo pensamiento que me ata al dolor y condúceme a la paz en medio de la tormenta.

Tú eres un Dios de amor y de esperanza.

Donde vive el amor y la esperanza no existe el temor.

Ahora, cambio todo pensamiento negativo, de fracaso y perturbador por pensamientos positivos, de éxito y que me llenan de paz y alegría.

Que bien me siento en la paz de la sabiduría que me has regalado, en el pleno éxito que dirige mi vida y en la confianza en Ti

Descanso en que mis peticiones se hacen realidad y perdurarán en la eternidad.

Amén.

José Antonio Rodríguez Roche

Mente y cuerpo.

Antes del nacimiento podemos pensar y sentir por medio de la conexión neurológica con la madre. Se ha podido probar científicamente que el feto puede reconocer la voz de su madre y de su padre a la vez que afectarse por acontecimientos externos y emociones de la madre.

Una vez nacemos, se establece una mayor interacción entre nuestro organismo y organismos que lo componen con lo externo, que algunos denominan como la realidad, otros como la interpretación sensorial e intelectual de los estímulos ambientales, de acuerdo con la capacidad humana para captar algunos. Especifico algunos estímulos sensoriales, ya que los seres humanos no tenemos la capacidad para captar por medio de los sentidos todos los estímulos externos. Por ejemplo, no podemos ver toda la gama de los colores, ni podemos escuchar todas las frecuencias de sonidos, entre otros.

Los sentidos por los cuales nos relacionamos con el entorno tienen limitaciones físicas. No interpretan los estímulos, solo los conducen mediantes hondas de energía al sistema nervioso y cerebro quien se encarga de procesar, interpretar y referir a las áreas correspondientes, como el intelecto, reflejos, sistema autónomo y otros. Les ofrezco una explicación sencilla sin entrar en explicaciones neurofisiológicas más complejas. Es decir, percibimos mediante los sentidos, procesamos e interpretamos de acuerdo con la información que tenemos. La información que hemos heredado, adquirido mediante la educación y creado mediante procesos de reflexión y pensamiento, produce efectos físicos y emocionales. El temor al rugido de un león es instintivo, pero el temor al rugido de un león en un zoológico detrás de una reja es irracional. Necesariamente, no existe una relación directa entre los acontecimientos o sucesos y los efectos en nuestro organismo. Nuestras destrezas intelectuales se desarrollan. Podemos aprender y desaprender lo que nos ayuda o no para sentirnos física y psicológicamente bien.

Muchos estudios en neurología, psiconeurología, endocrinología, genética, biología y otras disciplinas de la medicina abundan sobre los efectos del organismo físico en nuestro estado emocional y conducta. También se ha reconocido en los últimos años la interacción del organismo físico con distintos tipos de energía en el ambiente.

El cuerpo humano que es un sistema viviente, que vive en lo que hemos conceptualizado como espacio y el tiempo, que cumple diferentes funciones, se interrelaciona con el medio exterior y se transforma por la historia y la cultura construida por los propios hombres. Nuestro cuerpo está sometido a constantes interacciones, como la respiración o internalización en intercambio de gases, digestión o transformación de sustancias del ambiente en nutrientes y energía corporal, funciones psicológicas y transformaciones como cambios microscópicos, cuánticos, bioquímicos, electromagnéticos, invisibles por ahora, imposibles de detener para su estudio, mucho menos de forma aislada.

Somos un conjunto de interacciones con nuestro ambiente, planeta y universo. No somos entes individuales desligados del Todo.

Se ha reconocido, además de la medicina tradicional, la acupuntura, la digito puntura, el Reiky, la herbolaria, la magnetoterapia, la aroma terapia, distintas modalidades de Yoga y otros como medios eficaces para tratar el organismo humano. Los enfoques que han probado una mayor efectividad en lograr curación, sanación y recuperación física y mental son los tratamientos holísticos o integrales. Esto es, el reconocimiento de que no somos unos simples seres biológicos, sino que formamos parte da la sopa cósmica. De la misma manera que un pez vive en el mar como un conjunto de sustancias que interaccionan con millones de organismos unidos por el agua, los seres humanos existimos en un ambiente ligado a millones de otros organismos que interactúan con nosotros en nuestro interior, en nuestro entorno cercano y en el universo.

"Un pelo en la sopa, es un pelo en la sopa de la humanidad."

En la cultura occidental, con mucha mayor influencia de los procedimientos científicos y la enseñanza del método científico en las escuelas, nos pretender hacer creer que lo real es lo medible y que se puede probar de forma constante. Si no se puede probar por el método científico no es confiable ni real. Sin embargo, lo más importante en la relación mente y cuerpo no se puede probar por el método científico, como el amor, los pensamientos, las ideas, la paz, el espíritu, la lógica, las matemáticas, la ética, la estética, la creación del universo y la ciencia misma. La ciencia en sí, no puede ser probada por el método científico. La ciencia como tal está permeada de supuestos que no puede probar (como la

Lógica y la Matemática). Por ejemplo, mucha de la teoría especial de relatividad depende de que la velocidad de la luz es constante, pero no hay manera de probar que la velocidad de la luz es constante.

La teoría cuántica, en sus principios creada en el 1926 por Max Born, Pascual Jordan y Werner Heisenberg, en resumen, nos explica que la materia está constituida por átomos de carbono y los átomos de carbono están formados por un núcleo y capas de electrones, y que a su vez el núcleo está compuesto por protones y neutrones. Se ha descubierto que los protones y neutrones están a su vez integrados por unas partículas extremadamente diminutas llamadas quark y que hay varios tipos de éstas y existen otras partículas sub-atómicas. Una de las partículas más diminutas que se conocen en la actualidad son los neutrinos. Éstas son extremadamente diminutas; tanto que algunos físicos exponen que no poseen masa alguna. Miles de estas partículas despedidas por el Sol, atraviesan cada día nuestros cuerpos como si no existiéramos, pasando sin problema por los grandes espacios que existen entre las partículas que constituyen nuestros átomos.

"Todo lo que vemos en este mundo, se encuentra en un estado ilusorio"

Desde que Demócrito propuso hace 400 años a.c. la existencia de partículas indivisibles llamadas átomos, el hombre se ha lanzado en la carrera para descubrir la existencia de las partículas más pequeñas que componen la materia, los bloques fundamentales del universo.

Pero cuando se pensó que los protones, neutrones y electrones eran las partículas últimas del universo, se comenzó a teorizar y descubrir la existencia de una numerosa comunidad de partículas más pequeñas. Lo cierto es que hasta este punto no existen instrumentos capaces de mostrarnos la apariencia real de estos diminutos bloques fundamentales de la materia.

La pregunta que surge luego de años de investigación en este el campo de la ciencia es ¿Cuál es la partícula más fundamental de la materia? ¿Hemos llegado con el quark, al final de la búsqueda de la piedra angular de la materia?

Una de las teorías más modernas en el campo de la cuántica nos propone que aún existe un peldaño más por subir: La Teoría de las Supercuerdas. Según los físicos "supercuerdistas", las partículas como neutrinos, los distintos tipos de quark, mesones, leptones, bosones y varias de estas otras desconocidas para el común de la gente, serían la manifestación observable de diminutas cuerdas, de una pequeñez inimaginable, estos son 'lasos de energía'. Es decir, que los seres humanos somos en esencia átomos de carbono o lasos de energía, al igual que un diamante.

Si esto es correcto, un pelo esta hecho de lo mismo que la sopa. Vaya, vaya. No existe una separación entre mente y cuerpo. Somos la misma sopa que el cosmos.

Las implicaciones de estos datos, razonamientos o ideas nos debe conducir a una mayor tolerancia, entendimiento de nosotros mismos en relación con lo que nos rodea y acercamiento a la idea de la creación desde lo infinitamente simple hasta lo más complejo.

"La relación entre mente y cuerpo no existe, ya que son lo mismo".

Las preocupaciones.

El Diccionario de la Real Lengua Española, define preocupar, como ocuparse antes de que ocurra algo.

Presupone futuro y sobre todo algo malo o negativo. Regularmente la preocupación no ocupa mucho espacio en nuestra vida si esperamos que ocurran eventos positivos. Claro, *un pelo en la sopa* siempre es posible. Puede ocurrir algo malo esperando lo bueno porque "a la mala hora, no ladra el perro". "Sabrá Dios lo que me espera". "Nunca se debe cantar victoria antes de ganar". "El que se ríe mucho ahora llora ahorita". Existen especialistas en predecir *un pelo en la sopa* y se preocupan antes de sentarse en la mesa. Les presto especial atención, por lo folklórico, lo histriónico, lo ridículo, lo irracional y el sufrimiento a los celosos o celosas con su pareja. Cuando la persona sufre de una exageración por los celos o celotipia. Considerado como una patología que requiere tratamiento psicológico y frecuentemente tratado como un trastorno por ansiedad y depresión.

La raíz de la celotipia es un temor por perder a la persona que se quiere y mientras más se quiere mayor el temor a la pérdida. Claro, si no se quiere no se teme a la pérdida. Los sentimientos de minusvalía de parte del celotípico siempre están presentes. El temor a lo que ocurra es la inminente preocupación.

¿De donde surgen los celos? ¿De lo que ocurre, ocurrió, o de lo que pueda ocurrir? Analicemos. En esta situación se presupone que los celos son causados por eventos externos. Es la persona que exclama que "le dan celos" o que es algo que le ocurre o son provocados por el otro. Relación de causa y efecto. Siempre le otorgan la culpa al otro por sus celos. También hay celotípicos que le atribuyen sus celos a su naturaleza. Es decir, "soy así". Otr@as dicen que son celosos porque su padre o madre eran celosos, o lo heredaron. Una minoría reconoce que sus celos son su responsabilidad, sin necesariamente implicar a otr@. Bueno...cuando una persona se reafirma que hay *un pelo en la sopa*, de forma patológica, lo "encuentra" siempre. (Atención a las comillas ""). Cuando un celotípico actúa, "encuentra" razones, motivos, signos, síntomas, en las infinitas posibilidades. "Puede ser, puede ocurrir, puede hacerlo, me puede mentir, engañar etc.". Lo correcto, es que si. Pueden existir razones, motivos, indicar signos, síntomas, puede ser, puede ocurrir, puede hacerlo, me puede mentir, engañar etc. Independientemente si el celotípico tiene razones suficientes para sospechar que la persona amada o con la que ha llegado a acuerdos de fidelidad, respeto y compromiso tiene la posibilidad de no cumplir con lo acordado, debe tener presente siempre que:

1. De un ser humano se puede esperar cualquier cosa.

2. No soy perfect@. Yo también cometo errores.

3. No puedo vigilar a otr@ todo el tiempo.

4. La Biblia de las Américas. Así dice el SEÑOR: Maldito el hombre que en el hombre confía, y hace de la carne su fortaleza, y del SEÑOR se aparta su corazón. Jeremias:17.5

5. Los santos y las vírgenes puras están en el cielo.

6. La confianza plena no existe.

7. Puedo ser feliz independientemente de otr@s.

8. Soy custodio de mi paz y tranquilidad. Nadie más.

9. Tengo la capacidad de amar a quien decida, pero no está bajo mi control que otra persona me ame.

10. La preocupación exagerada perturba el estado emocional y resulta en ansiedad y depresión con diversidad de implicaciones.

Las personas que buscan *un pelo en la sopa,* como una compulsión, se agobian la existencia. Si no hace frio, hace calor, si llueve es un fastidio y si hace sol el día está terrible. Viven con el mal detrás de la puerta o como decía mi abuela, "con el diablo detrás de la oreja". Preocuparse por todo lo malo que pueda ocurrir solo ocasiona sentimientos de ansiedad, depresión, insomnio, dificultades en hábitos alimentarios por pérdida o aumento en el apetito, problemas gastrointestinales, afecciones cardiacas, neuralgias, dolores corporales, como dolores de cabeza, espasmos, exacerba problemas respiratorios como el asma bronquial, afecta el desempeño y deseo sexual; estado de ánimo, relaciones con los demás y sobre todo la calidad de vida.

Si algo está bajo mi control puedo cambiarlo si yo quiero. Si no está bajo mi control, qué logro con preocuparme. Hay personas que piensan que toda persona responsable tiene que preocuparse de la familia, la sociedad y el bien del mundo. Esos son los que se afectan irremediablemente por *un pelo en la sopa* del vecino, la familia, la sociedad y el mundo.

Debemos comenzar por reconocer que Superman y La Mujer Maravilla, son héroes ficticios. Somos seres humanos con capacidades limitadas, con virtudes y defectos; con fortalezas y debilidades. No conviene, por la salud física y mental, tratar de ser el paladín de la justicia, el bienhechor de todos los afligidos o el salvador del mundo. Lo único que está bajo mi control es mi persona. Preocuparse por lo que no está bajo mi control es absurdo. Ocuparse por lo que puede hacer por uno mismo para mejorar y estar en un estado óptimo aporta al bien común.

"No puede existir una sociedad sana con las personas enfermas, la paz no puede existir en la guerra".

Preocuparme u ocuparme primero de los demás, la sociedad y el mundo solo resulta en frustración, decepción y fracaso. Si pienso que voy a estar bien cuando los demás estén bien, estoy condenado al sufrimiento.

Si está pensando que soy un egoísta. Piense que lo que usted considera como lo bueno o lo correcto, necesariamente no es lo que piensan los demás.

Ejemplo: "No soy un billete de $100.00, para agradarle a todo el mundo". ¿Quién le dijo que un billete de $100.00, le agrada a todo el mundo? Si parto del supuesto de que mi bienestar depende de cosas externas, como el billete de $100.00, estoy a merced del mundo. Le puedo ofrecer un billete de $100.00 a una persona y esta sentirse agradecida y feliz. Sin embargo, le puedo ofrecer el mismo billete de $100.00 a otra persona y ofenderse o considerarlo una falta de respeto. ¿Cuál es el poder del billete de $100.00, para producir felicidad o infelicidad? ¿Es el billete de $100.00, o lo que pienso del billete de $100.00, lo que me produce mi felicidad o infelicidad? El billete de $100.00 es uno, pero lo que cada persona piensa puede ser infinito.

"Las preocupaciones pueden tener tantas razones, motivos o circunstancias como ideas y pensamientos existan".

"Las preocupaciones pueden tener tantas razones, motivos o circunstancias como ideas y pensamientos existan".

"Si quiero sentirme bien, en paz y con calidad de vida, me debo ocupar de mí primero".

El sabio y el loco.

Había una vez, dos personas que por casualidad caminaban juntos, ya que decidieron ir en la misma dirección. Caminaban para llegar a la tierra de la felicidad.

Sabio: ¿Para dónde vas?

Loco: ¿Sé de dónde vengo?

Sabio: Si caminas a mi lado llegaremos al mismo lugar.

Loco: No he aprendido a predecir el futuro. No soy un sabio como tú.

Sabio: ¿Porque caminas conmigo?

Loco: Camino con todos.

Sabio: Observa que estamos solos tú y yo.

Loco: No sé como observar al mundo. No tengo esa capacidad.

Sabio: El mundo no camina con nosotros.

Loco: En la misma dirección no, pero caminan con nosotros en el mismo planeta.

Sabio: Es lógico pero absurdo y no tiene sentido lo que dices.

Loco: Es lógico pero absurdo lo que preguntas.

Sabio: El mundo no sabe ha donde nos dirigimos juntos.

Loco: Nosotros tampoco. Solo pensamos.

Sabio: Pensando nada más no vamos a llegar.

Loco: Yo ya llegué.

Sabio: Nunca llegarás a la tierra de la felicidad solo pensando. Tienes que caminar.

Loco: He pensado que mi felicidad es el camino.

Cosechando lo que sembré.

Desde temprana edad comenzamos a internalizar, hacer nuestra información que obtenemos mediante los sentidos, explicaciones del mundo de lo bueno, lo malo, lo que es correcto o incorrecto, modelos matemáticos, modelos religiosos y científicos de la realidad y la "verdad" de la vida. Sembramos maíz y esperamos cosechar maíz. Mejor dicho...sembramos maíz y tiene que producir maíz.

Déjame decirte que...la vida no es una siembra de maíz. Aprendemos información en ocasiones con la que nos hacemos daño. Padres, maestros, profesionales en las distintas especializaciones, religiosos, amigos o familiares nos señalan los caminos que piensan que son los correctos o verdaderos. Personas que ven siempre *un pelo en la sopa*. Otros niegan que vean *un pelo en la sopa*. Otros predicen *un pelo en la sopa*. Otros se inventan *un pelo en la sopa*. Otros exageran *un pelo en la sopa*. Otros ven un pelo en mi sopa aun que yo no lo vea.

Primero. Mi sopa es mi sopa. Si hay un pelo en mi sopa me corresponde a mí y solo a mí, decidir entre las alternativas que considere. Debemos recordar que las consecuencias de nuestros actos me afectarán de forma positiva o negativa. En ocasiones las consecuencias de mis actos afectan a otras personas.

La humanidad no es un huerto casero bajo el control del que siembra. Educar a un ser humano con amor, valores morales, religión, educación académica de excelencia, no nos garantiza su comportamiento. Puedo sembrar maíz y cosechar aguacates. ¡Que disparate! El dicho: "Se cosecha lo que se siembra" no aplica a los seres humanos.

"Bueno...esperar el resultado sobre la toma de decisiones de los demás es independiente de la toma de decisiones de los demás". Reflexiona.

La sopa es la sopa y el pelo es el pelo. Un pelo en la sopa no implica ninguna toma de decisiones en específico. Las decisiones humanas no son inherentes a la realidad. El ser humano tiene libre albedrio. Es decir, que puede decidir lo que quiere independientemente de su educación y formación moral. Muchos son los sentimientos de culpa, sin razón, por los que piensan que las decisiones de los demás pueden ser dirigidas, controladas o parcialmente influenciadas. Todo ser humano es responsable por sus decisiones. De esto se trata el libre albedrio.

El ser humano solo debe sentir responsabilidad por sus errores y culpa por sus decisiones y sus actos, si ocasionan daño o afectan negativamente.

"Sentir culpa por las decisiones y actos de los demás, es poner un pelo en la sopa para después decir: "Hay un pelo en mi sopa".

Las metáforas en la filosofía, la teología o la poesía embellecen las descripciones de las ideas. Pero no necesariamente aplican al comportamiento e interacción humana.

Una bonita poesía del renombrado escritor José Ángel Buesa, nos da un ejemplo.

Alza la mano y siembra, con un gesto impaciente,
en el surco, en el viento, en la arena, en el mar...
Sembrar, sembrar, sembrar, infatigablemente:
En mujer, surco o sueño, sembrar, sembrar,
sembrar...

Yérguete ante la vida con la fe de tu siembra;
siembra el amor y el odio, y sonríe al pasar...
La arena del desierto y el vientre de la hembra
bajo tu gesto próvido quieren fructificar...

Desdichados de aquellos que la vida maldijo,
que no soñaron nunca ni supieron amar...
Hay que sembrar un árbol, una ansia, un sueño, un
hijo.

Porque la vida es eso: ¡Sembrar, sembrar, sembrar!

Magnífico todo aquel que siembra lo que tiene control para poder sembrar, pero... no puedo sembrar amor, ni puedo hacer que alguien me ame. El amor entre los seres humanos es una interacción entre dos o más personas. Puedo decidir a quién amo, pero no quien me ama.

Lo que puede ser amor para uno puede ser odio para el otro. El amor no es maíz que se siembra en tierra fértil. Sentirse amado es una decisión individual. Nadie puede hacer que yo me sienta amado si no quiero. No está bajo el control de un ser humano sembrar amor o sembrar odio en otro ser humano. Puedo tener la intención de sembrar amor y cosechar odio. Un ejemplo ilustra lo descrito.

Las cruzadas, desde la Edad Media. El significado de la palabra cruzada se extendió para incluir a todas las guerras emprendidas en cumplimiento de un voto y dirigidas contra infieles, contra musulmanes, paganos, herejes, o aquellos bajo edicto de excomunión. Tenían la intención de sembrar el amor de Dios en los corazones de los no creyentes y acecinaron a miles de personas. Una cosa es la intención, otra el acto y otra las consecuencias. En ocasionas lo que cosechas no es lo que siembras ya que la intención y el acto pueden implicar distintas consecuencias. En la interacción humana no existe una relación de causa y efecto.

"Un pelo en la sopa puede significar tantas cosas como seres humanos en el universo".

Ana María Isabel García Rodríguez.

Ana se quejaba constantemente de la desdicha de su vida, de la infelicidad y dolencias corporales. Un día típico de su vida comienza así:

Ana: No pude dormir la noche entera. Hoy me voy a sentir cansada y somnolienta. Que frio esta el piso. Ay... me duele la espalda. Nunca encuentro mis zapatillas cuando las busco.

Dios mío, ayúdame a pasar este nuevo día al que me voy a enfrentar, para que no me pase nada malo... Parece que va a llover... Va a ser un día difícil. Me sabe distinto el café..., parece que está viejo o se habrá dañado. Tengo que ir a trabajar y me quedaría descansando. No me siento nada bien. Que dichosos los que no tienen que trabajar, ni limpiar la casa, cocinar o atender una familia. Yo nací para trabajar y servirle a los demás. ¡Qué se va a hacer! Viajar para el trabajo, congestiones de tráfico... Lo más probable es que tenga situaciones difíciles, estrés y de nuevo para mi casa a lo mismo.

Si conoce a alguna Ana María Isabel García Rodríguez, es pura coincidencia. *Un pelo en la sopa,* desde que se levanta hasta que se acuesta. Luego, se queja de su infelicidad, su desdicha, lo difícil de tener un trabajo, lo terrible de conducir al trabajo y encontrarse con congestión vehicular o como decimos los puertorriqueños, con un tapón y tener una familia que la espera. Quejarse, quejarse y quejarse como un medio de vida. ¡Siempre hay *un pelo en la sopa*! Estas personas sufren una existencia llena de sinsabores, penurias, dolencias físicas, problemas de salud, tristezas, ansiedad, depresión, desconciertos y ven lejos su felicidad.

Con Ana María Isabel García Rodríguez, vive José Manuel Antonio Pérez González.

Un día típico de su vida comienza así:
Qué bien me siento, dormí como un bebé. (Se mira en el espejo). Qué bien me veo, parece que cada día estoy más joven y guapo (se ríe). Gracias Señor, Dios, Todo Poderoso por ser tan generoso conmigo. Un exquisito café

puertorriqueño como yo… y me voy a trabajar. Me voy tempranito por si hay mucho tráfico escuchar los chistes en la radio y música. Hoy va a ser un día productivo y lleno de cosas buenas. Luego…llegaré a mi casa donde me esperan mi esposa y mis hijos. ¡Qué dichoso soy!

Unos ejemplos para analizar. ¿A cuál de los dos se parece más a usted?

La vida tiene tantas cosas hermosas que si las descubrimos no nos queda tiempo para buscar *un pelo en la sopa.*

"*El caminar es más importante que el camino. Yo y solo yo soy el que decido como caminar, porque el camino ya existe*".

El rico y el vagabundo.

En el último piso de un reconocido rascacielos en la ciudad de Nueva York, se encontraba un hombre acaudalado, millonario y con mucho poder en la política. Rodeado de muchos lujos, sirvientes, alcahuetes personales, mujeres y hombres alquilados para sus antojos. Se entretenía, con sus manos en los bolsillos, mirando a lo lejos sus propiedades sobre los edificios y pensando en cuanto trabajo, sacrificios de su familia y tiempo, le había costado en su vida adquirir todos sus bienes. A pesar de que todo lo que le rodeaba en ese edificio de su propiedad, todos lo saludaban y podía pedir lo que quisiera, se sentía solo y triste. Una sonrisa de cortesía se dibujaba en su rostro, sintiéndose como un payaso en su interior. Un día, decidió bajar por las escaleras y no utilizar el lujoso ascensor. Mientras bajaba, de piso en piso, se detenía a observar a las personas que vivían allí. A todos les cobraba una renta o alquiler y aportaban a su riqueza. Observó como pasaba inadvertido ante las muchas ocupaciones de los demás. Pudo apreciar como en su edificio habían personas alegres, tristes, borrachas, trabajando, descansando o simplemente allí. Se preguntó: "¿Cómo es que yo, siendo el dueño del edificio y teniendo todo lo que tengo me siento solo y triste? Continuó bajando por las escaleras, pensativo y sin darse cuenta llegó hasta el sótano, donde nunca había estado. En el sótano observó donde depositaban basura, muebles que había utilizado, que ya estaban deteriorados y rotos, pero que evocaron recuerdos de su fallecida esposa, su mesita de noche, unos muebles donde jugaban sus hijos cuando pequeños, partes de una cuna llena de moho. Era lo que quedaba de la cuna de su primer hijo. Mientras observaba el sótano de su edificio se dio cuenta que alguien lo estaba mirando. Un hombre viejo, con blanca barba descuidada, con ropa sucia, un rostro arrugado, con un bastón de madera en su mano izquierda, zapatos sin cordones, que se sonreía dejando ver sus dientes amarillentos y parecía sorprendido al verlo. Se miró en un pedazo de espejo colgado en una pared cercana y miró a un hombre aseado, con un traje hecho a la medida, zapatos lustrosos, erguido y con buena presencia física. Claro... se reconoció y sonrió al espejo. Como contrastaban aquellas dos personas. Le preguntó al vagabundo qué hacía allí y éste le contesto: "Nada, yo no vivo aquí, vivo en la calle".

El vagabundo, con paso lento, subió por la escalera al primer piso y el hombre rico también. El vagabundo se dirigió a la calle cargando unos cartones, le sonrió y se dirigió a la calle silbando una canción alegre, ♫♪♪♫♫♪♪. El hombre rico, esta vez, se dirigió al lujoso ascensor y mientras subía a su lujoso apartamento pensaba en el rosto del deambulante, pero especialmente, en la melodía de la canción que silbaba acompañada de su sonrisa. Parecía que no entendía la aparente alegría de aquel personaje. Al llegar a su apartamento fue recibido por sus empleados, quienes bajaban la mirada al verlo. El hombre rico sonrió y comenzó a silbar la melodía que había escuchado por el deambulante. Desde aquel día, siempre que se sentía triste y solo, silbaba ♫♪♪♫♫♪♪.

Amable lector. Aprendemos el temor a la pobreza material, pero nos olvidamos de la pobreza psicológica y espiritual. Perder nuestra vida luchando para obtener riquezas materiales es una estupidez mayúscula. Dedicar mucho tiempo al trabajo y no compartir con los seres queridos cuando quiero, dejar de disfrutar aquellas pequeñas cosas por hacer dinero para pagar cosas caras, solo resulta en enfermedades físicas, mentales y sobre todo en soledad e infelicidad. Los grandes tesoros de la humanidad son invisibles. El amor, la paz, la libertad, la amistad, los sentimientos positivos de aceptación, la caridad, la piedad por el menos afortunado y la capacidad de perdonar nos construyen una vida llena de satisfacciones en el mundo de todos.

No vale la pena buscar un *pelo en la sopa* para ignorar lo bueno.

"Todo tiene su lado positivo"

La obscuridad no existe, solo es ausencia de luz. Lo que existe es la luz. Cuando tropezamos nos percatamos de algo en el camino. Ese algo, ha estado ahí antes que yo con todo el derecho de estar en el universo.

"Pretender no tropezar es pretender que el universo sea como yo quiero".

Aprendemos sobre el universo cuando tropezamos, cuando encontramos lo distinto, nos maravillamos cuando lo que pensamos no es lo que esperamos, nos sorprendemos cuando vemos como la luz descubre lo que no se ve en la obscuridad, apreciamos lo bueno cuando hemos experimentado lo malo, disfrutamos el placer cuando hemos padecido lo que nos disgusta, apreciamos más cuando nos aman si hemos sido objeto de rechazo, nos sentimos orgullosos de los éxitos porque en alguna ocasión hemos fracasado, me saboreo más lo dulce porque sé lo que es amargo. Me disfruto más la sopa porque se lo que es *un pelo en la sopa.*

Nacer en la pobreza material, carente de muchas cosas materiales es un privilegio de la vida. Las personas que nacen en "cuna de oro", los "afortunados", rodeados de bienes materiales, no necesariamente se disfrutan sus bienes materiales. El disfrute, el gozo, el bienestar humano no es inherente necesariamente a la materia externa. El oro, los diamantes, el petróleo y lo que se consideran valores o riquezas no tiene valor independiente de la apreciación humana. Claro, la apreciación humana es subjetiva. El oro, los diamantes y el petróleo entre otros, tienen el valor y la importancia que les otorgo en mi vida. De la misma manera, el dolor, los conflictos, los fracasos y *un pelo en la sopa* tienen la importancia que le otorgo.

Soy yo y nadie más que yo quien valora lo significativo o importante en mi vida.

"La riqueza humana reside en la capacidad para valorar positivamente la ausencia o carencia de lo material y disfrutar cada día más la vida con menos cosas materiales. La pobreza humana reside en la búsqueda de la riqueza material, en la ignorancia de la riqueza de la vida y del potencial humano".

"Existe gente tan pobre, que lo único que tienen es dinero."

El lado negativo de los humanos.

Un grupo de discípulos le preguntó a su maestro Zen: "¿De dónde viene el lado negativo de nuestra mente?"

El maestro, en silencio y sin mediar palabra, se retiró un momento y enseguida regresó con un gran pergamino enrollado. Le quitó el sello que lo mantenía fijado y poco a poco fue abriéndolo hasta que se pudo ver un gran lienzo en blanco. En medio del lienzo había un pequeño punto negro.

- "¿Qué ves en este lienzo?", preguntó el maestro a sus discípulos.

Todos los discípulos respondieron: "Un pequeño punto negro, maestro"

El maestro dijo: "Ese es el origen de la mente negativa. Ninguno de ustedes ha visto el enorme espacio blanco que lo rodea"

Es frecuente, como los medios noticiosos e informativos se valen de lo considerado como negativo para el ser humano para llamar la atención o lograr propósitos obscuros. Utilizar el temor a lo evaluado como negativo es un arma poderosa si y solo si se tiene la alternativa para evitar el temor. Es decir, utilizar a un león que puedo controlar, para intimidar a otro resulta efectivo, si puedo controlar el león. Por lo tanto, debo obtener un león que pueda controlar. Si no puedo controlar el león no me sirve para mis propósitos.

Parece parte de la naturaleza humana, quizás como medio de supervivencia ante las amenazas naturales, otorgar una mayor importancia a lo que se evalúa como una amenaza, sobre lo que se evalúa como bueno o placentero. Es más interesante observar en nuestro entorno, es decir familiares, amigos, compañeros de trabajo y otros, la habilidad de algunas personas para ver *un pelo en la sopa,* especialmente en los demás. Expertos en señalar los errores, los fracasos o desaciertos, pero en otros. La señora que hace unas habichuelas deliciosas por 20 años y pocos se lo señalan y felicitan. Sin embargo, cuando se le quemas las habichuelas se entera el barrio. Un maestro realiza una labor excelente por 30 años y la prensa no lo destaca. Sin embargo, si va a protestar en una marcha por hacer valer sus derechos se promueve por unos cuantos medios noticiosos y es de interés para facebook, Twiter, Instagram y otros de forma negativa.

Si practicamos diariamente con nuestros semejantes lo siguiente nos sentiremos mucho mejor:

- Que bien te ves hoy.
- Dios te bendiga.
- Me alegra verte.
- Qué bien te quedó…
- Qué bueno es conocerte.
- Eres excelente.
- Te quiero mucho.
- Siempre regala una sonrisa a TODOS.
- Esta comida esta buenísima…
- Conocerte es un regalo de Dios.
- Te amo. Si es que l@ ama. Exprésalo.
- Regala un beso, un abraso un apretón de manos.
- Deja de estar señalando los errores de los demás. No te corresponde.
- No juzgues. Nunca.

- TODO lo que evalúas como negativo tiene una enseñanza, una lección positiva siempre.

- Crecemos como seres humanos con el dolor, la frustración y los fracasos. Acepta tu imperfección.

- Acepta que no eres un súper humano para cargar sobre tus hombros el dolor y los errores del mundo.

- Practica rica y abundantemente el alago a los demás sin importar lo negativos que sean contigo. Veras los resultados.

- Cuando otros señalen algo negativo de tu persona, dale las gracias por su interés en ti. Ejemplo: Que feo eres. Le dices- Gracias por preocuparte por mi apariencia física. Jejeje...

La risa y el llanto.

Estudios por científicos prestigiosos de distintas partes del mundo han descubierto por medio de resonancia magnética, la ruta anatómica de la risa en el cerebro. Un chiste inicialmente se detecta en el lóbulo parietal del cerebro y después se dirige para activar los lóbulos temporales, del lado izquierdo.

Después de un chiste, inmediatamente el lado izquierdo (área de Warnicke) informa al hipocampo para expandir la comunicación a los ganglios basales y a la amígdala cerebral. Si el chiste es bueno, el cual ya valorado por el sistema límbico, el área tegmental ventral y el accumbens tienen permiso de informar que es gratificante, entonces se libera dopamina.

El hipotálamo traduce la sanación de la risa como placentera, tranquiliza y promueve una mejor salud, disminuye la liberación de cortisol, (se conoce como la hormona del estrés) se incrementa la producción de anticuerpos (defensas de nuestro cuerpo) y fortalece la producción de interleucinas, es decir, una activación del sistema inmunológico. Una carcajada prolongada incrementa la oxigenación cerebral y corporal. Una risa induce la activación refleja de neuronas en espejo, fortaleciendo el principio de socialización. El chiste o la broma finalmente llegan al cerebro inteligente, se activa primordialmente al lóbulo frontal del cerebro, que se asocia con un mayor funcionamiento cognitivo.

Sin embargo el llanto es una forma innata de liberar emociones. Además de un desahogo emocional es una forma de liberar toxinas de nuestro organismo. Después del llanto, el cerebro activa la secreción de adrenalina y noradrenalina, neurotranmisores que se segregan también ante una situación de estrés y que producen una sensación de relajación, regulando la presión sanguínea, produciendo relajación muscular gracias a su efecto sedante generalizado y restaurando los niveles hormonales a valores normales. Por tanto, podemos decir que el llanto es un proceso fisiológico válido para reducir el estrés, aunque no implica necesariamente una mejoría del estado de ánimo, mientras que la contención de lágrimas y su acumulación mantienen una tensión física y psíquica prolongando el malestar.

Así mismo, el llanto tiene también una función comunicativa, ya que produce una respuesta de consuelo entre los presentes y a lo largo de la evolución ha quedado asociado el sentimiento de necesitar ayuda con la activación de las glándulas lagrimales. Es por ello que es más probable que una persona llore cuando hay alguien presente que cuando está a solas.

De la misma manera en que hay risas desde leve hasta carcajadas prolongadas, también hay distintos tipos de llanto. Algunos estudios indican que hay varios niveles de llanto en función de su intensidad y sus motivos:

- **Nivel bajo de llanto**: Es un llanto suave y silencioso, con lagrimeo constante, aumento del calor corporal y leve relajación muscular. Se da ante la presencia de estímulos tristes externos al individuo, como ver una película.

- **Nivel alto de llanto**: Llanto con lágrimas, respiración entrecortada y contracción muscular. Se da en momentos con un alto nivel emocional, como la muerte de un ser querido o tras un arrebato de ira.

- **Nivel reparador**: Llanto muy profundo con abundantes lágrimas con pérdida de la relajación externa seguido de un estado de paz y silencio, y una sensación de descanso. Está motivado por sonidos, pensamientos o imágenes de alto contenido emocional.

Un pelo en la sopa, jajajajajajjjaja. *Un pelo en la sopa* ¡uuugh, que asco por Dios, no puedo con esto!

Como hemos podido apreciar, las diferencias entre la risa y el llanto ocasionan efectos neurofisiológicos en el organismo que pueden ser desde leves a graves. Reír o llorar no es lo mismo en los aspectos físico que psicológico.

Estudios nos indican que la risa comienza en los niños desde el tercer mes de nacidos, mientras que el llanto se inicia al nacer.

Se pueden desarrollar destrezas cognitivas para el llanto o la risa. A mí, no me gusta llorar. ¿Y a usted? Como no me gusta llorar he desarrollado la destreza de reírme, aun de mis momentos difíciles. Para abundar en el tema, puede referirse a mi libro:

"Ríase de su Pasado".
(Amazon.com y Createspace.com).

Enfrentar la vida riéndonos de nosotros mismos, respetuosamente de los demás, de los desastres naturales, de nuestros errores, del mundo, del pasado, presente y futuro, nos brinda una mejor calidad de vida.

"Prefiero reírme si hay *un pelo en la sopa* que llorar".

En una ocasión una compañera de trabajo me dijo: "A ti no te importa nada. Sabiendo que hay tanto dolor en el mundo, personas que sufren, niños que mueren de hambre y de cáncer, asesinos y violadores. Eres insensible al dolor humano".

Los sentimientos de piedad, misericordia, empatía y considerarse un servidor de todos no tiene que ver con exagerar lo negativo de todo. Sí me importa "el dolor del mundo, las personas que sufren, los niños que mueren de hambre y cáncer, los asesinos y violadores".

En ocasiones me embargo de tristeza o coraje, pero no por mucho tiempo. <u>No me voy a sentar a llorar los males de la humanidad.</u> Los reconozco como el que reconoce la puesta del sol, la lluvia, las tormentas y los desastres en el planeta.

"Deja de compadecerte por tus males y los malcs del mundo. Eres un ser humano y no El Todo poderoso".

Los estados anímicos como estar alegre, estar deprimido-triste, sentirme ansioso-nervioso, pueden ser modificados, cambiados, atenuados o transformados. El ser humano tiene la capacidad para tener un estado anímico adecuado, alegre, tranquilo y sobre todo feliz. Uno se pone bien. No esperes "que te caiga del cielo" tu felicidad. BÚSCALA. Solo tú puedes encontrarla. NADIE, va a encontrar tu felicidad para regalártela.

"Yo y solo yo soy el custodio de mi paz, mi tranquilidad y mi felicidad".

"Aprende a llorar, pero no a permanecer llorando. Aprende a reír y permanecer riendo".

La risa y el llanto.

"Despierta, levántate y mira al cielo

desde la tierra de todos.

Respira hondo, hincha tu pecho,

y decídete de una vez.

Son tus sueños, es tu felicidad,

serán tus tropiezos, tus errores, tus logros,

tus lágrimas y tu risa.

Lánzate al mundo con el escudo de la

esperanza, la espada de la fe en ti,

el orgullo de ser humano,

la fuerza positiva del universo

y el sentimiento de pertenecer a un Todo.

Deja las penas, culpas y sin sabores en el

pasado umbrío de lo imperfecto de ser

humano.

Camina, camina y camina para donde quieres. Suelta la mano del que te detiene. Solo hay una vida. Una vida en el mundo. ¡La vida tuya!

Nunca regales tus alegrías, tu paz, tu tranquilidad, tu sonrisa y lo que amas a quien no lo merece.

Es tu vida. Una sola vida.

¡La vida tuya!

¡La vida tuya!

José Antonio Rodríguez Roche-7 de junio de 2018.

Soliloquio del ¿Yo?

¡Descubrí algo espantoso!

Puedo despreocuparme de lo humano.

Me puedo apartar de los demás, de lo que piensan, de lo que dicen y de lo que hacen.

Puedo vivir con todos como si no existieran, como si fueran invisibles, como si no los escuchara, como si no tuvieran nada conmigo.

Increíble la sensación de paz por un momento.

No me importa nada.

Me sentí desnudo en el espacio obscuro.

Sin hablar, ni pensar en lo que veo, escucho o siento.

Simplemente estar.

Estar sin participar. Como el que ve una obra de teatro en la que no participa. Ver un juego de pelota desde las gradas. Espectador del mundo.

Si me dicen…, no digo nada. Si actúan…, yo no. Si opinan del mundo y de mí… yo no. Escucho y solo observo. No estoy. No pienso en eso o aquello. Solo vivo en mí.

Viajo en mi vida sin destino, guía o meta. Solo vivo. No pienso en lo que esperan que piense y no participo en lo que el mundo espera que participe.

¡Que poder más espantoso, irresponsable, egoísta, desalmado, cruel, el de la omisión!

El poder de no estar, no importarme, no sentirlo, ser apático y caminar de espalda al mundo.

¡Puedo hacer eso!

Sin embargo, el mundo no lo sabe. Las personas se afectan con la luz, la sombra, el dolor ajeno, las enfermedades de otros, la política, la religión, la prensa escrita, los medios informativos, lo que opinan los demás y el futuro de la humanidad.

Que increíble poder es decir "¿Y? ante la existencia de todo.

Se murió el papa o se murió un chino.

¿Y?

Puede ocurrir un terremoto devastador.

¿Y?

Ya no te quiero.

¿Y?

Tienes una enfermedad incurable.

¿Y?

Te vas a morir.

¿Y?

No existe la democracia

¿Y?

Ya no confío en ti.

¿Y?

Eres un irresponsable, despiadado, mala persona.

¿Y?

Yo pienso que este libro es una mierda.

¿Y?

Me rio y me rio solo, cuando pienso:"Hay un pelo en la sopa".

¿Y?

Saben... no siempre tengo que estar, opinar, actuar, diferir, acudir, ayudar, huir, reír, llorar y todos los verbos que se refieren a la acción.

Tipos de verbos de acción.

Dentro de los verbos de acción podemos identificar distintas categorías. Una de ellas es la que se establece dentro del ámbito del conocimiento, que establece los siguientes tipos de verbos:

- Evaluativos: estos verbos son los que expresan el juicio sobre algo. Algunos ejemplos pueden ser: *evaluar, criticar, valorar o discriminar.*

- De síntesis: por medio de estos verbos se logra organizar aquello que se expresa, para que sea más sencilla su comprensión. Por ejemplo: *categorizar, sintetizar, crear.*

- De comprensión: por medio de estos verbos se expresa el entendimiento de normas o hechos o la interpretación de datos. Como sucede por ejemplo con los verbos explicar, comprender o resumir.

- De análisis: estos son los verbos que permiten identificar opiniones, sentidos, errores o estructuras. Como por ejemplo: *analizar, identificar, separar* o inferir.

- De conocimiento: son los que expresan determinados hechos y describen métodos. Esto sucede con verbos como: *enumerar, plantear* o *subrayar*.

- Aplicativos: en este caso se expresan la resolución de un problema y la aplicación de teorías o leyes. Entre ellos se encuentran verbos como: *elaborar, utilizar, explicar* o *demostrar*.

Puedo simplemente no participar. Decidir no jugar. Ser espectador de la supuesta realidad en la que vivo.

Bueno... tampoco es vivir como un zombi. Pero puedo utilizar el ¿Y? como un medicamento, una pastilla o un ungüento para ocasiones en las que me sienta agobiado, estresado, ansioso, deprimido o infeliz.

A veces nos identificamos con el mundo de todos, los problemas de todos, las penas de todos y nos sentimos asfixiados con las implicaciones emocionales y efectos en nuestra salud física. De esta forma, atacamos los sistemas nervioso, cardiovascular, respiratorio, endocrino, inmunológico y hasta la piel responde con nuevas arrugas.

Aprende a saltar de ese barco. Escápate en alguna ocasión. *"Aprende a amarte."*

Don Nosé.

Las personas significativas en la historia de la humanidad han sido arriesgadas, emprendedoras, atrevidas, decididas a exponer y defender sus ideas; acostumbradas a diferir de la norma, peculiares, singulares, especiales, divergentes, distintos en sus estilos de vida. Lo importante y sobresaliente es distinto de lo común, corriente, usual, general, habitual y ordinario.

Si estudiamos las vidas de Jesucristo, Albert Einstein, Leonardo Da Vinci, Martin Luther King Jr., Isaac Newton, Cristóbal Colón, Simón Bolibar, Galileo Galilei, Pedro Albizu Campos, José De Diego, Alejandro

Magno, Ludwig Van Beethoven, Neil Armstrong, Amadeus Mozart, Napoleón Bonaparte y muchos más. Sabemos... que no eran amigos, ni anduvieron con Don Nosé.

No se alcanzan las metas acompañados de Don Nosé. El abuelo de Don Nosé era Don Quepena y la abuela era Doña Fracazo. Su padre fue Don Nointento y su madre Doña Notrates. Don Nosé, es hermano de Don Mejorno y de Doña Nohago y primo de Don Nosepuede; tío de Nohice y Porpoquito.

Don Nosé se encontró un día con Don Voyamí, a quien conoció por que sus padres eran sus vecinos. Los padres de Don Voyamí eran Don Sipuedo y Doña Esperanza. Aunque Don Nosé jugaba con el hijo de Don Sipuedo y Doña Esperanza, nunca se hicieron amigos, solo conocidos y surgió éste diálogo:

-Hola Don Voyamí.

-Un abraso Don Nosé. Se ve muy bien.

-Como Dios quiere Don Voyamí.

-Tiempo que no compartimos Don Nosé.

-Bueno...usted se pasa siempre en proyectos e intentando cosas. Ocupado.

-¿Qué está haciendo Don Nosé?

-Estoy desempleado, las cosas están malas. No aparecen oportunidades Don Voyamí.

-Yo siempre encuentro quehacer Don Nosé. Hay tantas cosas que aprender y tantas oportunidades que intentar, que no me sobra tiempo para quedarme sin hacer nada.

-Pero...usted es una persona de mucha preparación y conocimientos Don Voyamí.

-No siempre ha sido así Don Nosé. Le voy a confiar mi secreto.

-Dígame Don Voyamí. Se lo voy a agradecer, ya que me encuentro triste y estancado en mi vida.

-Don Nosé, el secreto del éxito está en intentarlo, intentarlo y perseverar en lo que se quiere. Si otro ser humano puede hacer algo, yo lo voy a intentar. Si otro lo ha logrado yo también lo puedo lograr.

-Don Voyamí, parece fácil para usted.

-Don Nosé, lo fácil lo consigue cualquiera. Los obstáculos no tienen que ser impedimentos. Caminamos si decidimos poner solo un pie delante del otro. Si caminamos podemos tropezar y caernos. También podemos levantarnos. Si yo tropiezo...me levanto. Si no me arriesgo a tropezar, nunca voy a caminar.

-Don Voyamí, no sé.

Don Nosé siguió su camino avergonzado y esperando no encontrarse de nuevo con Don Voyamí ya que se sentía un fracasado y veía a Don Voyamí como una persona exitosa en su vida.

San Diablo.

El bien y el mal; lo bueno y lo malo. Definimos lo malo como el pecado, la enfermedad, lo que duele, lo que destruye, la enfermedad, la guerra, la muerte, el llanto, sufrimiento y lo que decido que es malo para mí. Definimos como lo bueno lo que no es pecado, la salud, el goce, lo que construye, la salud, la libertad, la paz, la vida, la alegría y lo que decido que es bueno para mí.

Sin embargo, lo bueno o lo malo es subjetivo. El pecado es inherente al humano. No existe humano que no sea pecador, independientemente de la filosofía religiosa en la que crea. La enfermedad y todo lo malo puede ser vista como ocasionada por San Diablo o el ejemplo del mal.

Pero tengo otras alternativas, opciones diferentes, otras visiones de mundo y otras formas de no ver *un pelo en la sopa.*

- El pecado - La idea "salirse del camino" ha sido traspuesta, ya desde los tiempos antiguos, con categoría de metáfora y símbolo, a distintos planos del quehacer humano. El término pecado, del latín peccatum, le concede un valor ético negativo. Según su etimología, de la raíz pes, pecado es el «tropiezo» *(Horacio, Epístolas, 1,1, 8-9) que en el camino o, sobre todo, al salirse de él hace vacilar y caer al caminante.* Falta a los mandamientos religiosos por los que se puede perder la vida eterna o la gracia (dependiendo de la filosofía religiosa).

Pecado objetivo y subjetivo. El criterio que permite discernir la existencia o no existencia del pecado es la propia conciencia. Para que haya pecado *se requiere advertencia y consentimiento*. Si en vez de echarle sal a la sopa le hecho veneno, sin saberlo, no peco por matar a alguien.

Lo que es pecado para algunas religiones, no es pecado para otras y viceversa.

Sabemos que hemos pecado (TODOS), y en algún momento pecaremos. Lo acepto como parte de la naturaleza imperfecta humana. TRATARÉ de pensar y actuar de acuerdo con mis principios religiosos. Dios, Jesucristo, Jehová, Krisna, Buda y los demás, han sabido, saben y sabrán quienes somos los seres humanos.

Eres pecador, eres humano y eres humano, eres pecador. Por el pecado fuimos arrojados del paraíso y vivimos en el mundo de todos. Si Adán no hubiese pecado, no existiría la humanidad.

- La enfermedad. Nos acercamos a Dios por medio del dolor y la enfermedad mucho más que por la salud y el goce de la vida. Es muy fácil dar gracias a Dios por todo lo bueno en nuestras vidas. Debemos darle gracias a Dios por los dolores, los infortunios, las debilidades y por las enfermedades, ya que nos enseñan con valiosas lecciones que existe un Dios Todo Poderoso, que en el momento que así lo determine me separará del débil cuerpo carnal para convertirme en un ser espiritual vivo.

Gracias, a las enfermedades que me preparan lentamente para una nueva vida.

Las enfermedades no son creaciones de San Diablo. También, son la obra de Dios, como todo lo existente.

- Lo que duele, lo que destruye, la guerra, el llanto, el sufrimiento y la muerte, solo nos conducen a una vida eterna. Ya sea una muerte por una enfermedad, por una bala perdida, por un rayo, por un accidente o sin causa aparente, solo son formas de abandonar una existencia corporal.

San Diablo, no tiene cartas en el asunto, ya que la vida humana es solo la creación de Dios y solo Él con su voluntad puede

destruirla. San Diablo no puede tener poder de la vida y la muerte sobre Dios.
Si San Diablo tuviera poder sobre la vida y la muerte sobre Dios, no existiera la vida.

Si hay *un pelo en la sopa,* debe haber un pelo y una sopa. Tan importante es que exista el pelo como sopa para la existencia humana.

Aprender sobre la existencia del todo como parte esencial de la existencia misma, nos enseña a entender que lo bueno y lo malo existen como la brisa y la tormenta, como la luz y la sombra, como el dolor y el gozo, como la alegría y el llanto, como la salud y la enfermedad, como el amor y el odio, como San Diablo.

Sin pecado concebido.

Te fui amando sin querer,

poco a poco sin conciencia.

Embargado en el placer,

me entregué en la inocencia,

sin entender,

sin saber que me hundía

en la dulzura del amor

y de la mano el dolor,

juntos en la misma existencia.

Jamás pecado cometí,

porque nunca tuve la intención de amarte.

José Antonio Rodríguez Roche-21 de junio de 2018.

Armonía.

Entender la armonía en el cosmos, el universo, el planeta en que vivimos, nuestro país y nuestro ser implica en gran medida un acto de fe. Parece tan complejo entender como los astros interactúan en el universo, la relación entre el sol, la luna, la energía cósmica, nuestro planeta y nosotros que simplemente tratamos de tener una vida confortable. Pero cuando encontramos situaciones que nos afectan de alguna manera y consideramos como negativa, la rechazamos. Nos agobiamos, deprimidos, sentimos el coraje de la frustración y sobre todo la angustiante ansiedad.

Ante el desconocimiento de una armonía universal creamos teorías científicas, matemáticas, filosóficas y teológicas. Explicaciones que en ocasiones nos conforman, sin necesariamente ser de nuestro agrado. El ser humano, con entendimiento limitado, solo ha entendido que una semilla de maíz produce una planta que produce cientos de semillas de maíz que producen millones de otras semillas. Al presente los humanos no hemos podido reproducir una semilla de maíz. Solo hemos aprendido a cambiar su desarrollo o a destruir lo creado.

La armonía es el poder mayor en el universo, por lo que intentar ir en su contra es una batalla perdida.

Existe un poder aliado a la armonía universal, utilizado por sabios y humanos que han transformado la humanidad. Ese poder funciona con la armonía del universo, nunca está en su contra ni lucha por sobre ponerse.

Ese poder lo entiende todo, lo tolera todo, es infinitamente paciente, no es violento, lo agradece todo, le sonríe a la adversidad, nunca se enoja, acepta las enfermedades, el dolor, las injusticias humanas, se aleja de las riquezas materiales, se fortalece en las debilidades humanas, prevalece ante la muerte y fluye en la armonía infinita del universo.

Ese poder no le exige al ser humano perfección, trabajo, dinero, grandes logros, títulos académicos, familia, casa, ropa, oro, religión ni posiciones sociales. Ese poder es mayor a nuestro entendimiento. Existe como aliado de la armonía universal el amor y como aliado de la armonía universal y el amor la fe. La fe es *aceptación* de lo que no he podido explicar por medio de mi intelecto ni puedo percibir por mis sentidos. Solo creo y acepto sin cuestionar, contradecir, luchar o decidir sufrir, como parte de la armonía universal.

Son muchas las preguntas que debes tener en estos momentos. ¿Aceptar una guerra, que los niños mueran de hambre, que un huracán destruya un país, que haga erupción un volcán y mueran miles de personas, que mi amad@ me abandone, que esté enfermo? Ese poder como elixir en la armonía y con la fe como su ingrediente principal te ofrece una contestación. ¡Sí! Siempre sí.

Ese poder exige unas reglas para tenerlo:

1. *Fe en la armonía universal.* Todo ocurre como parte del todo. Nada puede ocurrir fuera del todo.

2. *No juzgues.* El entendimiento limitado humano no tiene los criterios para cuestionar a la armonía universal. Lo que nos parece no necesariamente es.

3. *Acepta.* Acepta a pesar de no entender. Cada ser humano existe con una vida material armónica. Una vez deja de ser armónica se transforma, no se destruye.

4. *Respeta.* La verdad en la armonía universal prevalece sin intermediarios. No luches por ideas humanas. Espera por la armonía universal.

5. *Se generoso.* Adula, da gracias siempre, bendice al que te hace daño tanto como el que te hace bien. Se amable, cariñoso, expresa afecto sin importar a quien. Tolera todo agravio como el que contempla una puesta de sol. Da con una sonrisa y placer.

6. *Humildad.* Como criaturas del Todo poderoso, no requerimos mayor tesoro. No desperdicies tu limitada vida luchando para obtener riquezas materiales. Cede ante la arrogancia y obedece las leyes del hombre que no son mayores que la armonía universal.

7. *Perdona.* Porque si. Porque puedes. Como si no hubiese ocurrido nada. No reconozco poder humano sobre mí. Todo mal, agravio, daño o perjuicio contra la humanidad es contra la armonía universal. Lo malo no puede prevalecer en la armonía universal.

Ese poder infinito y armónico con la vida, la alegría, la existencia y la paz es EL AMOR.

Sin amor no hay armonía, paz, salud, alegría, felicidad, ni una existencia humana con significado.

Si el amor con la fe en la armonía universal prevalece siempre, aceptamos con tranquilidad, sin emociones exageradas, toleramos, podemos corregir, cambiar, ajustar o disfrutar de todo en la vida, no importa haya *un pelo en la sopa.*

"Ten fe en la armonía universal y en su Creador; no juzgues, acepta, respeta, se generoso, humilde y perdona."

La Alegoría del boricua.

Erase un pueblo en la historia como una isla caribeña. Tenía una cultura con su religión, sistema político y estructura social. Desde un lugar lejano, llegaron naves tripuladas por seres con tecnología superior, una cultura, religión, política y estructura social distintas. Estos seres valoraban de forma sobre humana el oro. Estaban dispuestos a arrebatarles las vidas para obtenerlo. En su afán por los tesoros que encontraban en la isla sometieron a los boricuas a sus ideas religiosas, exigiéndoles costumbres y enseñándoles su idioma mientras los esclavizaban. Después de llevarse su oro, encontraron otros tesoros y se quedaron. Estos seres que invadieron la isla procrearon generaciones con los nativos por muchos años. Mientras tanto, los boricuas adquirían los tesoros que los invasores no valoraban tanto como el oro y se los regalaban. Pasaron los años y nuevamente fueron invadidos por otros seres de tecnología mayor, sometiendo a los invasores anteriores a su rendición. Los nuevos invasores también tenían una cultura, una religión, política y estructura social distintas. De la misma manera que a los boricuas los despojaron de su aparente mayor valor, el oro, los primeros invasores se tuvieron que despojar de su honor, respeto, política y someterse a la redición obtenida por la fuerza de la tecnología militar superior. Los boricuas ya sin oro, no eran de mucho interés para los invasores, pero los nuevos invasores decidieron apoderarse del territorio.

Mientras los invasores se afanaban dejando sus vidas en la adquisición de tesoros como el oro, los boricuas de forma humilde y silenciosa iban descubriendo tesoros de los invasores, como las migajas que caían de sus mesas. Estos tesoros eran invisibles para los invasores, pero los boricuas los podían percibir y los fueron atesorando. Los boricuas adquirieron su sangre y la mesclaron con las de ellos y fueron creando una constitución genética superior a las de los invasores. Aprendieron otras lenguas para enriquecer la boricua, internalizaron su religión cristiana fortaleciendo su desarrollo espiritual, dejaron que creyeran que los gobernaban por lo que facilitaban sus vidas con comodidades.

Desde el año 1493, se han llevado de la isla boricua los tesoros materiales sin percatarse que no caben en el mismo equipaje los tesoros materiales y los espirituales.

Los boricuas de forma humilde pero sabios, se han quedado con los mayores tesoros de los invasores, su sangre, su religión, sus lenguas y partes de su estructura social.

Luego de dos invasiones y algunos otros intentos de otros seres, los boricuas siguen en la misma isla en una realidad paralela, con su propia cultura e identidad propia.

Estudios científicos modernos con tecnología avanzada, informan que los boricuas, luego denominados por los invasores como puertorriqueños, son los seres humanos con la genética perfecta.

(CNN Español) – "El ser humano perfecto en términos genéticos sería puertorriqueño, indica un estudio realizado por un biólogo de la Universidad de Berkeley, U.S.A.

¿Por qué? Por la mezcla de herencia española, africana y taína.

El investigador Lior Pachter asegura que el individuo concreto que se correspondería con el humano perfecto ya existió: una mujer puertorriqueña que la imaginó como la taína Yuiza, que llegó a ser cacique de su tribu.

Por medio de análisis matemáticos, Pachter encontró al que sería el "humano perfecto" que reuniría todos los genes sanos e ideales de los distintos grupos raciales. Así determinó que ese ser sería, probablemente, esa mujer puertorriqueña del pasado".

Los invasores se llevaron el oro y otros tesoros materiales y en el camino dejaron verdaderos tesoros que los boricuas han pulido y mejorado hasta el presente.

Todavía los invasores creen que se apropian por la fuerza del oro boricua. Sin embargo, el oro boricua no está al alcance de ningún invasor ya que se encuentra en su sangre, en sus genes y en sus pensamientos.

El invaluable, único, incalculable valor de los seres humanos tiene un ejemplo forjado en la humildad, la modestia, la sencillez, la paz y lo parsimonioso del boricua.

"Los boricuas dan las gracias a los invasores por llevarse la banalidad de los tesoros materiales y dejarnos la riqueza de nuestra raza, ejemplo para la humanidad".

No me había dado cuenta.

En una ocasión, me levanté temprano para prepararme un desayuno boricua. Cuando me dirigí a la nevera sentí curiosidad y me percate que era una nevera modelo Whirlpool hecha en Benton Harbor, U.S.A. Miré una de sus gavetas y pude ver dos huevos de gallina, uno rojizo y otro blanco. El huevo rojizo era de una gallina de raza inglesa pero que llamamos del país y el otro un huevo blanco que decía en su caja era americano producto de Carolina del Norte, U.S.A. Agarré los dos huevos y los derramé en un sartén de marca Fissler Alemán, en la estufa marca Whirlpool hecha en parte en Suecia y en E.U.A. La cuchara para mover los huevos era de Taiwán-China. Le agregué aceite de oliva Betis de España, los terminé de freír y los coloqué en un plato que decía "made in China". Luego le agregué un poco de sal Producto de Colombia y un poco de pimienta de Cáceres-España. Busqué en mi nevera un pedazo de queso y encontré un queso suizo y otro americano. Prefiero el queso suizo pero cogí los dos y aproveché para tomar un pedazo de jamón de pavo Kraft, hecho en Chicago Ill, U.S.A. También añadí a mi plato galletas de soda Dux, hechas en Santo Domingo, con mantequilla elaborada en New Jersey, E.U.A. También me comí un poquito de avena Quaker, elaborada en Perú. Claro, no podía faltar el café de Puerto Rico, (que luego leí en el empaque que era una mezcla de café de Méjico, Colombia, Brasil y poco puertorriqueño) que se coló en una cafetera fabricada en la ciudad de Boca de Ratón en Filadelfia, E.U.A. y lo eché en una tasa que me regalaron de Disney World pero dice "made in

China". Como no tomo café sin azúcar le añadí dos cucharadas de azúcar morena que decía en el paquete "elaborada en Panamá", también un poco de leche de vaca puertorriqueña y lo mesclé con una cucharita que decía "made in China". Por último me llevé a la mesa de madera echa en Méjico una servilleta que decía "producto de Guatemala". Ese desayuno boricua de dos huevos con jamón, queso, galletas con mantequilla, avena y café con leche, tenía la colaboración de 9 países y 5 estados de E.U.A.   Benton Harbor, E.U.A., Carolina del Norte E.U.A., Chicago Ill, E.U.A., Kansas, E.U.A., Alemania, Colombia, Cáceres España, Méjico, Perú, Panamá, Guatemala y Puerto Rico).

"Ese desayuno me recuerda siempre quienes somos como parte de una composición universal".

Boricua

Como se forja el acero
y el carbón se hace diamante,
es necesario que el fuego,
la presión y la firmeza
lo transformen en dureza
como creación importante.
Todo lo amenazante
pule, enseña y prepara
al que observa en antesala
de un futuro en cada ser,
inalcanzable por aquel
que vive en sus sentidos,

pero fácil del viviente

al otro lado del rio,

no al otro lado del mar.

En la libertad interna

como un divino don

en la burbuja del alma

inalcanzable a los otros,

viven con todos nosotros

los patriarcas infinitos,

hechos por callados gritos

con poder de mil volcanes

en todos los corazones

transformados día a día

en el infinito hoy

donde renace el boricua,

donde vive el boricua,

el intocable boricua,

el poderoso boricua

en la eternidad del tiempo.

José A. Rodríguez Roche
7 de julio de 2018

Metáforas de nuestro pueblo.

Las metáforas han sido instrumentos para el fácil entendimiento de la expresión de ideas complejas. El Diccionario de La Real Academia Española, define la metáfora como: *Traslación del sentido recto de una voz a otro figurado, en virtud de una comparación tácita, como en las perlas del rocío, la primavera de la vida o refrenar las paciones.*

Cuando el vocabulario no puede expresar la profundidad de la idea, se recurre a la metáfora. Los latinos y especialmente el puertorriqueño utiliza mucho la metáfora en sus expresiones del diario vivir, lo que enriquece la expresión de sus pensamientos e ideas.

Aquí algunas metáforas importantes.

- Me tiene entre la espada y la pared. (No encuentro alternativas o solución.)
- Estoy encendido. (Tengo coraje.)
- El tiempo vale más que el oro. (Aprovechar el tiempo es importante).
- Eres la luz de mi vida. (Le das significado a mi vida, eres muy importante.)
- Dime de que te jactas y te diré de que adoleces. (Se refiere al que se jacta de su sabiduría y es un ignorante).
- Le robé un beso. (Le dio un beso sin permiso o inesperado).
- Estoy hecho leña. (Estoy bien cansado).
- Yo creo que se te zafó un tornillo. (Yo creo que estas bien equivocado).
- Soy un libro abierto. (Soy una persona sincera).

- Es más loco que el rabo de una cabra. (Actúa de forma impredecible o muy distinta).

- Me flechó cuando la vi. (Me impresionó o me enamoré cuando la vi).

- Todo lo que brilla no es oro. (No todo lo que parece importante lo es).

- De tal palo tal astilla. (Como el padre o madre es el hijo).

- Quien se pica es porque ají come. (Aquel que se da por aludido es porque es responsable o tiene culpa).

- El que mucho abarca poco aprieta. (Aquel que quiere mucho poco tendrá).

- Más vale pájaro en mano que cien volando. (Es mejor lo que se tiene que lo que no se sabe si se tendrá).

- Eres un diamante en bruto. (Eres de mucho valor).

- A rey muerto rey puesto. El que se va no hace falta.

- A mal tiempo buena cara. (Cuando hay dificultades hay que tener esperanza en que todo va a salir bien).

- Un clavo saca a otro clavo. (Para una gran dificultad una gran solución).

- La cabra siempre tira para el monte. (Las costumbres hacen que repitas la conducta).

- Aquel que tiene techo de cristal no tira piedras. (Todo el que tiene faltas no le señala las de los demás).

- En el país de los ciegos un tuerto es rey. (Donde hay ignorancia el que sabe un poco es sabio).

- La ansiedad es llama ardiente y la depresión fría fuente. (Poemario Poesías sentidas-José A. Rodríguez).

- Cuando los ignorantes nacieron tú estabas en primer grado de la escuela. (Se refiere a un ignorante).

- Estoy explotado. (Estoy muy cansado).

- Perdió la cabeza por ese amor. (Está bien enamorado).

- Siento mariposas en el estómago. (Estoy muy nervioso).

- Las rosas van con las espinas. (Todo tiene su lado positivo y no positivo).

- Muerto el perro se acabaron las pulgas. (Cuando se muere se terminan los problemas).

- Noche sin luna en cascada de risos. (Negro cabello). Poesías Sentidas-José A. Rodríguez

- Cristal líquido en rocío. (Sereno). Poesías Sentidas-José A. Rodríguez

- Siempre encuentras un pelo en la sopa. (Siempre buscas el lado negativo de las situaciones).

Epílogo

Si no pensáramos en una vida eterna, no tiene sentido el sufrimiento en una corta vida mundana. Solo el que se resigna al sufrimiento muere. Vive el que anhela el disfrute de todo y se niega al dolor como destino humano. La percepción de lo negativo es solo una mala poesía, un mal sabor, el miedo a la ausencia de luz como una sombra. Vivir es sentirse vivo en el cuerpo de todos donde el sufrimiento es el aire y el goce lo que se respira.

Donde no hay bondad crece la maldad, donde no hay alegría crece la tristeza, donde no hay amor crece el odio, donde no hay fe crece la desesperación, donde no hay paz crece la ansiedad, donde no hay pasión crece la depresión, donde no hay perdón crece el rencor, donde no hay misericordia crece el egoísmo, donde no hay confianza crece el miedo, donde no está Dios crece la soledad.

Amables lectores, como parte de una vivencia armónica en nuestras vidas que solo son una. Una vida compartida en la realidad de los pensamientos mutuos que se entrelazan ahora y siempre. Viviremos en el mundo de todos y de ninguno, como viajeros en el tiempo infinito de la trascendencia espiritual.

Generosamente agradecido,

José Antonio Rodríguez Roche
Autor: Un pelo en la Sopa.

Datos sobre el autor:

El Dr. José Antonio Rodríguez Roche, estudió un bachillerato en ciencias con concentración en psicología, en la Universidad Católica de Ponce, P.R. (1972-1976). Prosiguió estudios para terminar una Maestría en Artes, con concentración en psicología clínica, en la Universidad, Facultad Para Las Ciencias Sociales Aplicadas de Cayey, P.R.,(1976-1978). Cursó sus estudios para completar un doctorado en filosofía con concentración en psicología clínica, en la Golf States University, Recinto de P.R. (1983-1985). Comenzó su práctica profesional como psicólogo clínico en el Departamento de Servicios Contra la Adicción (D.E.S.C.A.), como psicólogo de la Región Sur de P.R. Luego prestó servicios psicológicos realizando diagnósticos psicológicos, tratamiento psicoterapéutico, talleres, conferencias, administración de recursos de personal, peritaje en tribunales de justicia y activista en la labor social en distintas dependencias gubernamentales, organizaciones y clubes. Trabajó directamente durante 22 años como psicólogo del Programa de Educación Especial en P.R. Se desempeño en servicios profesionales de psicología con la Administración de Servicios de Salud Mental y Contra la Adicción, A.S.S.M.C.A. (Programa de Evaluación, Diagnostico y Tratamiento de Adultos, Programa de Alcoholismo, Programa Drug Court, Centro de Tratamiento a Niños y Adolescentes). Laboró durante 16 años como psicólogo clínico en los Programas Head Start de las Regiones de Orocovis y Juana Díaz, P.R. También ofreció sus servicios profesionales como psicólogo clínico en el Departamento de Salud, Unidad de Tratamiento de Salud Mental, en el pueblo de Coamo, P.R. Al presente ofrece sus servicios profesionales como psicólogo clínico en su oficina privada. Ha publicado artículos en distintos periódicos y revistas sobre temas relacionados a la psicología clínica.

Ha publicado 8 libros:

- Nexo. La Realidad de la Realidad. (Metafísica)
- Ríase de su Pasado. (Autoayuda)
- Sea Otro. (Autoayuda)
- Poesías Sentidas. (Poesías)
- Matricula (Meta novela).
- Reflexiones de los Locos (Reflexiones psicoterapéuticas).
- La Disciplina Inteligente. (Autoayuda, Manual)
- Un Pelo en la Sopa (Reflexiones psicoterapéuticas)

✓ ***Los libros publicados los puede obtener en Amazón.com y en Createspace. com. También en mi oficina en: Clínica Dr. Marrero, Calle Muñoz Rivera #16, Villalba, P.R.***

Al presente año de ésta publicación 2018, cuenta con 40 años de experiencia como psicólogo clínico, casado con la Profesora Isabel Flores Colón durante 34 años, con quien ha procreado 3 hijos y orgullosos abuelos de 5 nietos.

Además de su práctica clínica en su oficina privada y en el Instituto Santa Ana-Congregación de los Ángeles Custodios-Adjuntas y Rio Piedras, es un líder cívico distinguido con un reconocimiento por los Clubes de Leones Internacionales, por sus servicios por más de 30 años. Fue nombrado "Villalbeño Distinguido", por el Municipio de Villalba en el 2017, en conmemoración de los 100 años de la fundación del pueblo. En el mes de junio de 2018, recibió un Reconocimiento/Moción, por la Cámara de Representantes de Puerto Rico, como Padre Ejemplar del Distrito 26.

Tiene 4 producciones discográficas como intérprete del Cuatro puertorriqueño, se licenció como Artesano de figuras y estampas en alambre, por el Programa de Fomento Industrial de P.R. y participa en actividades educativas y culturales sobre la música y el folclor puertorriqueño en Puerto Rico, Europa, Sur y Norteamérica.

Si encuentras alguna información en mis datos que te pueda ayudar para lograr un bien común, estaré agradecido me ofrezcas la oportunidad de servirte.

Gracias.

José A. Rodríguez Roche, Ph.D
Psicólogo Clínico
Lic.561

Anota toda preocupación, duda o dato significativo para que luego puedas abundar y/o tener mayor información.

NOTAS: